길 찾는 바람아

윤주동 제2시조집

청옥

제2회 김어수문학상 대상 수상작

노적봉을 읽다

임진년 그날에는 짚단에 묻혔다가
피바다 바라보며 깨어난 저 노적봉
분통해 흘린 눈물에 젖어 울던 민초들

우렁찬 공격명령 산천도 떨었는데
달려온 농부들은 울분에 젖은 손에
움켜쥔
낫과 쇠스랑
죽창까지 빼 들었다

하늘이 대노하고 바다가 엎어지고
뭉쳐진 한을 두고 긴 전쟁 끝이 났네
뜨겁게
바친 봉우리
식지 않고 남았다

심사평

시조는 형식과 내용이 어울려져야 깊이 있고 문학적인 시조로써 품격을 가진다.

윤주동 시인의 작품은 대체로 시조의 형식을 잘 지키고 역사적이고 교훈적인 시대적 메시지를 담고 있다. 현 시대에서 관념적인 시어는 배제하고 내면성 고찰과 현실적 직시를 정확하고 심도 있게 간과하느냐에 따라 평가 받는다.

각 연의 긴밀성과 독립성이 동시에 조화를 이루어 선명한 이미지화가 두드려져 보인다.

| 차달숙 |

시인, 수필가, 시조시인, 칼럼니스트
국제펜클럽 한국본부 이사, 월간 ≪국보문학≫ 주간
부산문인협회 부회장, 한국문학신문 총괄 본부장
작품집: 시집 『지상의 저녁』외 수필집, 시조집 등 다수(12권)
수필집 『마음 따라 달라지는 인생살이』(1999)
≪부산시인≫(2008) 시, ≪동서문학≫(2013) 시조 등단

책 머리에

어디로 가야할지 갈 길을 찾는 마음이 바로 그 바람이다.

또 한밤중에 책상 앞에 앉아 결심해본다.

이렇게 무작정 머물 수는 없다면서 바람은 어딘가로 가야 한단다.

그렇다 이제껏 모든 바람을 나열하였지만, 과연 어디로 가야 할지 그 길을 찾아보지 않았던 것은 사실이다.

그런데 그런 노력을 해보려는 마음을 가졌다 하더라도 밤과 바람을 떼어 놓지를 못하는 것이 나의 큰 단점이라 하겠다.

이 밤에 '바람의 길을 찾아가 보리라, 찾아 주리라, 그리고 함께 하리라.'며 지켜질지 모르는 나만의 외로운 다짐을 한다.

시간은 계속 흘러가야 한다. 그 흐름을 따라서 세월도, 바람도 흘러가야 한다. 그 끝이 어디인지 그 누구도 모른다.

그저 앞만 보고 가야 한다는 진리 같은 사실만을 알고 있을 따름이다.

그 바람을 따라서 나도, 너도, 우리가 모두 가야만 한다는 현실을 누구도 거부할 수 없다는 것이 사실이다.

이 밤부터 '바람의 길을 찾아 주리라.'는 결심을 하며 한밤에 젖어보련다.

목차

2부 하굿둑 풍경

3부 몰沒운雲대臺

4부 을乙숙淑도島

5부 고요

1부

재두루미

재두루미

고향을 떠나와서 잿빛 옷 차려입고
우아한 저 날갯짓 꿈속의 그림인데
어쩌나 삼팔선 넘놀며 망향가를 부르니

언젠가 떠나가면 그리움이 될 것을
번연히 알면서도 눈물이 노래되어
목이 멘 넋의 하소연 만날 날을 기다려

갈 길은 지척咫尺인데 마음만 멀어질까
어제만 같은 날이 많이도 흘러갔네
또다시
돌아간다 해도
눈물까지 마를까

구구구

— 求求求 평화

넘놀던 선線을 넘어 돌아갈 생각하며
비둘기 흉내 내는 갈매기 구구구
비핵화非核化 봄인가 하다가 계절마저 잊었네

저 이산離散 아픔으로 살아온 그 세월이
오는 봄 기다림에 겨울도 견뎠는데
시방도 얼음 속인가 변함없네 이 계절

분주한 발길들은 소문만 무성하고
갈매기 높이 날며 오늘도 구구구
여태도
머무는 꿈속
또 하루가 기운다

생이별生離別

마음은 그대론데 세월은 칠십 년을
생이별 뒤 만남은 생이별 기다리고
휴전선 허물어줄 이 그 아무도 없는가

백발로 변해버린 몰라볼 낯선 얼굴
또다시 만남까지 세월은 흘러가고
껴안고 울어 보아도 굳어지는 응어리

순수한 이념분쟁 속내는 권력야욕
위로(天上)는 천륜지정 그 아래(地上) 인륜지정
언제쯤
장벽을 헐고
쌓인 한을 풀려나

임 그림자

꿈결에 나타나서
그 모습 보여주고

가슴에 잠들었던
그 흔적 그리움뿐

떠난단
한마디 없이
다녀가신 우리 임

이산離散

마음에 마음으로
곁에서 또 곁으로

깊은 정 흘러가도
다시 또 헤어지네

저 태풍
할퀴고 간 뒤
폐허가 된 들처럼

그리움인가

눈가에 고인 빗물 눈물이 되었는가
덧없이 딛는 걸음 옛길을 더듬는데
꿈인 듯 저만치에는 떠난 임이 반기네

어느 날 떠났다고 그 사이 맘 변했나
처음도 지금에도 생각하니 내 임인데
뜻 모를 이야기들만 가슴 깊이 남겼네

이별이 왔다 해도 사랑은 남았기에
남몰래 그리움은 가슴에 쌓였다가
오늘도
반겨 다가오네
지난날의 미소微笑로

만남

– 남과 북

마주한 눈길마다
서로를 원하면서

또 다른 눈치 보며
온몸을 움츠린다

금강산
찾은 가족들
천륜지정天倫之情 애타네

초록 꿈

어디를 보고 있나 북풍의 길목에서
차가운 바람결에 초록 꿈 펼쳤는가
누구나
기다리는 봄
홀로 서서 외롭네

떠날 때 기약했던 귀향 길 속절없고
봄바람 기다리는 소원도 기막혀서
한 번만
얼굴 보자는데
서산에는 해 지네

빈자리

물결로 머리 감는
이 강둑 저 실버들

초여름 바람결에
그 누굴 부르는가

저 밑동
묶인 나룻배
사공마저 없는데

멍

서러운 이별 앞에 소리쳐 울지 못해
참았던 가슴속에 새겨진 멍 자국은
파도가
되어 오면서
몸부림을 치는가

이제는 참아야지 다짐도 해보는데
그리운 마음 같은 갈매기 저 갈매기
구슬픈
울음소리에
옛 사랑만 또렷해

외면外面

목소리 닿지 않아
대답이 없는 건지

두 팔을 저어가며
소리쳐 불러 봐도

푸르게
멍든 파도만
앙가슴을 치더라

부고訃告

내 이별 인사마저
못 하고 돌린 걸음

그리움 숲이 되어
먼 산도 품었지만

가슴에
물새 한 마리
밤새도록 울겠네

북미회담北美會談

적장敵將이 마주하여
미소微笑로 악수握手하며

비핵화非核化 약속하고
평화平和가 온다 하네

이 나라
대한민국에
꿈꾸던 봄 오는가

연락선連絡船

사랑을 싣고 왔다 이별을 싣고 가는
뱃머리 막아서는 갈매기 울음소리
내 눈물 싣고 가라는 하소연도 모르나

뱃고동 두 번 울고 뱃머리 돌아갈 때
남겨진 마음에는 눈물 꽃 피어난다
이별의 아픈 사연을 저 갈매기 아는가

부서진 조각 파도 고물을 잡고 울고
이별과 눈물 싣고 바닷길 달리는데
석양에
물든 갈매기
울며 날다 지쳤네

통곡慟哭

– 매미

무슨 일 있었기에 저토록 섧게 우나
그 사연 알려 않고 차라리 즐겨듣네
떠난 임
보고 싶으면
길을 물어 떠나지

나무를 치며 치며 가슴을 뜯는 통곡
이별의 아픔인가 세월의 한탄인가
뙤약볕 여름 껴안고 우듬지에 달렸나

가을이 다가오면 부득이 떠나야 할
한평생 꾸던 꿈을 잊을 수 있겠는가
계절을
말리지 못해
아쉬움을 전하네

외로움이란

혼자라 외로우랴 둘이라도 외로운데
내 마음 병이라며 달래고 얼렀는데
있어도 못 보는 임아 남보다 더 남이네

가슴에 사는 것을 그리움이라 하고
아픔에 겨울 때는 못 잊어 운다는데
그 사랑 지우지 못해 미련만이 더하네

내 마음 보이기엔 부족함 있었겠지
가까이 더 가까이 세월로 함께하면
그늘진
그 마음속에
햇살 가득 비추리

한가위

그립던 가족 상봉 피어난 이야기꽃
저 하늘 달려가는 달님이 싣고 가고
밤벌레
노래 소리가
오늘따라 정겹다

지새운 밤길 따라 혈육의 정을 쌓고
행복의 이순간은 내일을 불러놓고
둥근달
바라보면서
두 손 모아 비빈다

촛불

— 팽목항

또 누굴 기다리나
환하게 불 밝히고

지새운 어둑새벽
모두 다 떠났는데

팽목항
매정한 바람
젖은 마음 태우네

그리움으로

가슴에 울림으로
목소리 다가오고

꿈속에 보고파도
모습도 잊었는데

내 생애
그리움으로
아버지 길 찾는다

임이여(追慕 詩)

– 석교(장금철) 시인 추모 시

빈 하늘 구름 하나 외로이 지난 길에
짝 잃은 외기러기 구슬피 날아가네
올 때는 천 리 길에도 함박웃음 피더니

만남이 인연 되어 마디 정 싹틔울 때
글 밭을 잘 가꾸어 보람을 찾자면서
언제나 변하지 않는 꿈을 주던 임이여

따뜻한 그 잔정이 세월에 녹아들어
쌓여서 강이 되고 또 쌓여 산이더니
임 떠난 그 길목마다 눈물 되어 녹는다

맺은 정 허물 사람 임께서 가셨으니
어떻게 이 손으로 허물 수 있을까요
임이여 편히 쉬소서 극락왕생 빕니다

제2부

하굿둑 풍경

하굿둑 풍경

바닷물 놀이터에 강물을 불러놓고
숨박질 술래 되어 지친 둑 길게 앉네
머리 위 나는 갈매기 이쪽저쪽 고자질

바다를 그리다가 달려온 저 조각배
바닷길 갑문* 찾아 수문 앞 맴도는데
노을에 젖은 갈매기 비웃으며 놀린다

다리 위 난간 앞에 주저앉은 낚시꾼
어망에 펄떡이는 탐나는 저녁 한 끼
갈매기
칼 발톱으로도
채어 가지 못하네

* 갑문閘門: 운하나 방수로에 배가 드나드는 문.

연리지連理枝

남의 눈 의식 않고
길가에 부둥켜안은

뻔뻔한 사랑놀이
그것도 하늘의 뜻

순간도
놓을 수 없어
서로 붙은 몸이다

흑장미*

가시를 숨겨두고
까맣게 젖은 채로

길가에 지켜 서서
마음을 훔치려네

너만은
내 것이라며
뿜어내는 저 향기

* 흑장미의 꽃말: 당신은 영원히 나만의 것.

가시장미薔薇

어여쁜 꽃을 피워
내 마음 끌어놓고

사랑을 고백하면
네 얼굴 돌아서네

지난날
아픔에 겨워
가시마저 키우나

덩굴장미薔薇

담 너머 발소리가 가슴에 그리움 되어
날마다 꿈을 꾸며 희망에 빠졌다가
가녀린 줄기 마디를 힘을 다해 키웠네

담장을 살짝 넘어 고개를 내밀고는
설레던 그때 마음 괜스레 원망하네
미련 속 보이지 않는 벌 나비의 모습들

바람이 산들산들 마음마저 흔드는데
아닌 듯 새침 떼며 숨길 수 없었기에
오늘도
애달픔에 젖어
붉게 붉게 물든다

저 달은

그대는 향기 없이
내 눈가 피어난 꽃

태워갈 마음 구석
강물에 떠가는데

하늘 가
그대를 닮은 달
나를 보며 머무네

목련木蓮

새색시 걸음마냥
는개*가 내려주면

춤추는 새봄 총각
매화꽃 안고 오고

뽀로통
목련 한 송이
질투하며 피었네

* 는개: 안개비보다는 조금 굵고 이슬비보다는 가는 비.

홍어洪魚회

탁주 병 끌어안은
홍어회 저 한 접시

저녁상 차지하고
생긋이 유혹한다

생일날
제 몸 삭혀서
내 입맛에 맞췄네

돌섬

흐르는 바람결에
춤추는 조각 파도

갈매기 날갯짓은
돌섬을 부추겨도

노을에
타는 그 마음
외로움에 젖는다

가을밤(Ⅱ)

밤벌레 목청 높여
울음을 쌓아 가고

고요한 저 가을밤
까맣게 익을 무렵

짓궂은
보름달 하나
구름 너머 배시시

자연산 용龍을 낚다
– 운동회

하늘을 헤엄치듯 수없이 날아오는
자연산 익용翼龍들을 낚시로 잡아본다
날갯짓
람포린쿠스(Rhamphorhynchus)와
구름까지 낚는다

잡혀 온 많은 용을 망태에 하나둘씩
날고픈 꿈까지도 함께 세며 담아본다
망태 속
그 작은 용들은
온몸으로 버틴다

그믐달

새벽녘 뜬 저 달은 긴긴밤 홀로 되어
남몰래 울다 울다 못 견뎌 찾아오나
그 빛이 그리움 되어 강물처럼 흐르네

까만 밤 태워가며 임 그려 빌다 빌다
먼 길을 찾았는데 또다시 떠나는가
조각배 소슬바람에 서녘 하늘 향한다

잠깐의 헤어짐이 외로움 되었는데
잠자던 바람까지 흔들어 깨웠는가
몇 날 후
달이 차오르면
너를 반겨 줄 텐데

바다를 낚다

큰 고기 물었는가
온몸이 끌려간다

지구가 흔들린다
바다도 뒤집힌다

활이 된
낚싯대가 운다
입을 벌려 봐다오

구름

저 솔거率居 솜털 모아
그림을 그리는가

그리고 그리다가
흩어져 지워지네

솔거 님
다시 그리나요
넓디넓은 하늘에

몽돌해수욕장

염소가 한두 마리 다녀간 게 아니겠다
남몰래 떼거리로 몰려와 똥 누고 갔나
파도에
떠밀리면서
살리라며 아우성

새까만 염소 똥들 젖은 채 빛나는데
연인들 발걸음들 모른 채 스쳐간다
밟힌 돌
모래밭에 묻혀
눈만 껌벅 또 껌벅

사랑 비우기

잠시도 멀어지면
내 꿈길 머무는 걸

가슴에 담아두면
상사병 된다는데

괴로운
시달림 피해
씻어야지 그리움

색시비

수줍어 소리 없는
색시비* 아래 피는

홍매화 빨간 볼에
사랑이 무르익고

안달 난
봄 아지랑이
춤추려는 몸부림

* 새색시처럼 수줍은 듯 소리 없이 내리는 비라는 뜻으로, '이슬비'를 이르는 말.

삼복三伏 더위

삼계탕 수박 화채 골라서 먹어가며
더위를 쫓으면서 알몸에 버티다가
이웃의
눈치 보면서
웅덩이에 숨는다

바람도 원수더라 오라면 오지 않네
태풍도 미워할 땐 단숨에 오더니만
더우면
그리워지네
얄미웠던 그 바람

설중매雪中梅

뽀로통 내민 입술
너무도 어여뻐서

설레는 이내 마음
입맞춤 하고픈데

하얗게
앉은 눈송이
질투하며 감싸네

사랑은(Ⅱ)

사랑은

꿈속에서도

사랑을 먹고 산다

이별離別

철없던 그 시절에
내 짝사랑 울었는데

오늘은 이별 앞에
말없이 비 내리네

떠남이
일깨워 주네
아름답던 사랑을

제3부

몰운대沒雲臺

몰운대沒雲臺

갈매기 울음소리 소나무 품에 들고
파도에 조각난 달 떠난 임 그리는데
못 잊을
정운공순의비鄭運公殉義碑
옛 자리를 지킨다

졸리는 구름 조각 물결 위 헤엄칠 때
떠돌다 지친 파도 몰운대 찾아드네
임 그려 떠난 마중 길 잠시라도 잊었나

파도도 갈매기도 잠이 든 한밤중에
임진년 떠난 임들 기침 소리 들려올 때
먹구름
비를 불러와
몰운대를 적시네

성냥

잠자는 마른 장작
희망을 일깨워서

불씨를 키워내어
화력을 자랑할 때

콩알 된
간을 쓸어안고
한숨 쉬는 소방차

귀양歸養

더위에 늘어진 몸 마루에 누웠는데
비탈진 산마루 밭 딸랑딸랑 워낭 소리
뭐하노
귀에 익었던
아버지의 목소리

여우비 졸금졸금 어느새 훑고 갔나
비릿한 흙 내음에 미운 해는 중천인데
소쩍새
울음소리가
높은 담장 넘는다

평사리平沙里

1.

빛바랜 편지함에 찾아든 세월 두고
섬진강 물결 따라 한가한 저 물새들
까치를
따라나서서
최 참판 댁 찾는다

2.

하늘을 채운 뜰에 손잡은 저 부부 송松
대풍년 일손 걱정 막막한 서희 길상
구재봉
넘노는 새들
본체만체 하더라

초록빛 꿈

아직도 피지 못한 한 송이 꽃봉오리
찬바람 불어오는 북쪽을 바라보며
봄볕이 내릴 때까지 지켜 선 채 기다려

단풍에 물든 가을 시샘하던 무서리가
눈보라 살을 에는 겨울을 데려와서
모른 척 온갖 장난으로 놀다 지쳐 떠나고

얼었던 우듬지에 연초록 물이 도는
따뜻한 봄이 오면 꽃으로 피어나서
손잡고
들녘을 찾아
나들이를 하겠네

맷돌

손에 쥔 어처구니
지구를 비껴 돌고

뇌성이 울고 나면
잉태가 시작된다

새 생명
나비가 되어
새 우주를 만든다

귀향歸鄕

길 떠난 그 나그네
고향을 다시 찾아

설렘에 뛰는 가슴
빗물에 녹여가네

지난날
초가에 묻은
그 꿈들은 어디에

갈매기

부산항 돌아가는 연락선 저 뱃머리
막아서 말리려다 울음만 배웠는가
오륙도 뱃길 지킴이 끼룩끼룩 갈매기

저마다 아픈 사연 가슴에 가득 가득
하고픈 말 있어도 내뱉지 못하여서
오늘도 쉰 목소리로 울며 나는 갈매기

지난날 떠나갔던 수많은 그 사람들
돌아와 함께한들 찾을 수 없는 행복
알면서
기다리는 사연
달래주려 우는가

메밀꽃 필 무렵

– 벌 나비

새하얀 눈송이들 내려와 앉은 저 밭
벌 나비 떼를 불러 잔치를 벌였구나
온 종일 꿀 채취 잊고 흥에 겨운 벌 나비

바람에 날리는 듯 유연한 날갯짓에
사뿐히 내려앉는 벌 나비 즐거워라
한 줌의 먹이를 구하려 꿀을 빠는 벌 나비

피는 꽃 바라보며 행복에 겨워 놀다
뜨거운 긴 여름을 보내기 아쉬운 듯
석양에
붉게 물든 채
마주하는 벌 나비

항아리

외진 곳 빈 항아리 거꾸로 앉았는데
지난겨울 익힌 김치 뺏긴 지 오래되고
졸린 눈 껌벅이면서 한여름을 익힌다

가쁜 숨 몰아쉬며 혀 내밀던 강아지는
항아리 그늘 자리 자장가에 잠이 든다
땅조차 숨 막힌 복더위 온 몸통이 불탄다

눈 오는 겨울이면 흙냄새 맡아가며
포근히 묻혀 앉아 익혀갈 김치 생각
더위에
지쳐가면서
미소 지어 애쓴다

현충일顯忠日

이 나라 지켜주고
순국殉國한 선열先烈들을

기리는 노랫소리
눈물이 흐르는데

이번엔
투표 잘하여
나라 기강 세우자

연혼포延婚浦

한라산 삼성혈三姓穴에 솟아난 세 신인神人들
벽랑국碧浪國 공주 만나 다정히 혼인했네
고高 부夫 양良
신방굴新房窟 역사歷史
탐라국의 제주도

황금빛 노을 속에 혼례한 저 연혼지
첫 재배 오곡 씨앗 가축도 길러갔네
제주도 기틀 마련한 개국 발상 서귀포

설화說話의 삼성 신화 발원지 연혼포는
고 부 양 삼 신인은 목함木函의 삼 공주와
하늘이
맺어준 이치
연년세세 빛나리

연기煙氣

춤사위 펼쳐가며
지붕을 타는 여인

우주여행 함께 가자
온몸으로 손짓할 때

굴뚝새
한 마리 날아와
따라가는 달나라

소절素節

드높은 하늘바다
푸르고 광활한데

물고기 헤엄치듯
갈매기 높이 날아

풍광에
만취한 걸음도
작은 새가 되었네

길손(Ⅱ)

이 세상 찾았다가 떠나는 길손들이
이어온 사연들을 구비마다 새겨놓고
아쉬워 뒤돌아보면 흘러가는 저 강물

맑은 날 궂은 날 구분 없이 가야 하고
때로는 길을 잃어 헤매기도 하겠지만
저 길손 어떤 길이든 거부할 수 없겠다

떠가는 흰 구름의 처지를 닮아가며
발길의 방향까지 생각하지 않으련다
누구든
길 위에 서 보면
너와 내가 없겠다

해바라기

노란 잎 서로 겹겹
까만 맘 쓸어안고

제 무게 못 견뎌서
고개 떨군 두상화

새벽녘
여울진 저 가슴
설렘으로 흐른다

무명초(Ⅱ)

이름도 없지마는
불러줄 이도 없다

그래도 꽃을 피워
더없이 행복하네

매섭게
부는 바람에도
향기 담는 몸부림

희망希望

세상에 태어나서
하늘만 바라보며

맑은 날 궂은날을
견뎌온 많은 시련

바람의
불씨가 있어
기다림에 녹는다

만사형통萬事亨通

덧없이 스쳐 가는 훈훈한 바람결도
굽이쳐 흘러가는 은빛의 강물까지
스스로 길을 찾을 때 태평성대 이루고

비 개인 하늘가에 태양이 떠오르고
온 세상 밝혔다가 어두운 밤이 오는
섭리 속 제 일을 할 때 시작되는 또 하루

음지에 볕이 들고 양지에 싹이 돋고
평온한 생활 속에 살맛을 느껴가는
언제나
이심전심으로
소통하는 우리들

이름 없는 꽃

산중에 홀로 피어 이름이 없답니다
어렴풋 본 듯도 한 엄마도 기억 없고
누군가 반겨준다면 그 이름을 따르리

찾는 이 흘깃하며 모른 척 스쳐 가도
향기는 품었는데 새들만 쉬어가네
돌아올 기약이 없어도 붉은 마음 설레네

우거진 잡초 속에 머물러 있다지만
하루도 변함없이 태양을 향하려네
꿈마저
없어 보여도
내 마음은 봄이네

제4부

을숙도乙淑島

을숙도乙淑島

– 철새 도래지

갈대밭 길을 따라 이어진 갯벌 광장
고향을 찾은 철새 정답게 모여 노네
저 길손 지친 발길도 을숙도를 찾는다

서녘에 홍등 걸고 그리움 내려놓고
짝짓는 철새 노래 수줍어 붉어졌네
백발이 서러운 갈대 헛기침만 보태랴

내리는 저녁노을 저 강물 물들이면
짝 잃은 철새 울음 어둠에 젖어가네
가거든
다시 오라는
인사마저 못 했네

낙조분수

낙조에 곱게 물든 물줄기 내려오며
갈래로 짝을 지어 바람에 춤을 춘다
보아라
저 꼬맹이도
뒤질세라 덤빈다

연주곡 바뀔 때면 춤사위 달라지고
구경꾼 빠져들어 어깨춤 절로 나네
뛰어든
꼬맹이 손님
온몸이 다 젖는다

시간時間

과거를

되돌려보면

쌓인 후회 산더미

굴비

줄줄이 포승에 묶여
어디로 끌려가네

강남의 술집에서
패싸움 있었는가

변명에
풀려날 생각
말라가는 그 양심

밤낚시

반디야 불 밝혀라
고기나 잡아보자

노 저어 나가보자
물고기 노는 곳에

얼씨구
어둠에 묻힌
사랑마저 낚았네

눈사람

내 하늘 검게 덮은
너 구름 눈을 내려

두 손을 호호 불며
눈사람 만들었네

우리 둘
마음 거두어
새하얗게 물든다

마초 증후군macho症候群*

예쁘다 잘 생겼다 그 말을 들었을 때
좋아도 무뚝뚝이 넘기던 그 여성이
어느 날
기분 나쁘다며
따질 때는 성희롱

무심히 하는 말도 근원은 여성비하
그녀의 화난 모습 두 손을 꽉 움켰다
그래도
마초 증후군을
깨트릴 수 없는가

* 남성적 기질을 지나치게 강조하여 여성을 지배하려고 하거나 남성이 여성보다 우월하다고 생각하는 심리적인 현상.

미운 계절季節

쏟아진 빗물 담아
저 태양 멱을 감고

불볕에 타는 대지大地
이 몸도 흐물흐물

소식은
엎친 데 덮쳐
태풍마저 온다네

혈육血肉

발아래 가는 물길
정으로 흐르는데

이웃과 젖어가는
인생살이 아니더뇨

그래도
내 핏줄에만
목을 매단 아둔함

색안경

모두가 달라졌다 색안경 너머 세상
이제껏 알았던가 하늘도 변했는데
얼마나
아름다운가
저 살아갈 이 세상

눈길을 잡아끄는 새로운 모습들에
색다른 느낌으로 황홀에 빠지는데
무뚝뚝
이웃 사람들
그 마음도 변했나

오뉴월

소 꼬리 따라가며 쟁기로 밭일하고
한나절 지친 몸을 대청에 눕혔는데
저만치
아버지 발소리
단잠까지 깨운다

한낮의 뙤약볕에 시곗바늘 늘어지고
혀 내민 강아지도 앉은 채 꾸벅꾸벅
일 나갈
소 울음소리
마음마저 때린다

마음결

마음속 희고 검은 다른 꿈 같이 있네
슬픔을 감추려는 고통은 모르는 척
기쁨만 내 전부라고 그래그래 믿었네

바람에 시달리며 버티는 우듬지에
오가는 세월처럼 그렇게 가는 마음
코앞도 모르고 살면서 모두 다를 아는 척

생각은 달리해도 한 몸은 분명하고
서로를 떼려 해도 어쩔 수 없는 것을
누구를
원망하면서
하소연을 하리오

풍경風景

쟁기질 논일하여
모내기 일손 걱정

책가방 뺏어놓고
논 물꼬 지키라네

지켜본
먼 산 귀신도
소매 걷고 나선다

선수選手

훈련의 반복으로 다듬은 실력이면
실전도 연습처럼 두려움 없을 것을
출사표
던져놓고서
뒤움치며 나서네

열광적 응원 속에 구슬 땀 흘려가며
경기에 몸을 던져 자신과 싸워간다
영광의
월계관을 쓴
꿈을 꾸는 선수들

이런 이야기

한가득 넝마 수레
힘겨운 저 발걸음

꼬막 손 아들 덕에
한결 더 가벼운데

아들이
눈에 밟히는
저 배움터 정문 앞

날개

하늘은 날게 하고
이 땅은 걷게 한다

누구나 날개 달고
날고픈 꿈을 꾼다

비행기
쇳덩이라 해도
날 수 있다 새처럼

먼 여행旅行

눈앞에 와닿는 꿈 설렘의 첫 만남은
헤어질 아쉬움에 마음만 조급하다
한마디 어색한 인사 그때처럼 남기고

내일 또 날 밝으면 머나먼 저곳으로
가야 할 방향마저 모른 채 떠날 것을
부르튼 발과 다리까지 원망하며 말려도

모두가 가다 보면 끝 지점 만나질 걸
다 못 가고 포기하며 의무마저 저버리며
잘난 척
목소리 높여
변명하는 사람들

미신迷信

뿌리는 하늘 쪽에 가지는 땅이라며
잘못된 모든 일은 하늘의 뜻이란다
가능과 불가능까지 그 믿음에 달렸다

어제는 입학 운을 오늘은 취직 운을
앞날의 모든 운명 하늘에 맡겼는데
내일은 이뤄지겠지 뜬구름을 잡는다

두 손을 모아들고 두 눈을 내려 감고
혼잣말 소원 하나 내뱉는 어리석음
차라리
감나무 밑에
입 벌리고 누워라

이런 아저씨

만국기 사이에 선
꺽다리 저 아저씨

바람에 허리 굽혀
막춤을 추는구나

축 개업
화장품 가게
또 코방아 찧겠다

불면증不眠症

한 점에 또 한 점을
자꾸만 점을 찍고

또렷한 이 정신력
날 새길 기다린다

저 동천
밝혀줄 태양
어디에서 잠자나

떼*

강나루 묶인 채로 출렁대는 저 모습들
듣지 못한 함성까지 내게로 보내온다
올곧게
살아야 한다는
시간까지 묶었다

나란한 몸을 모아 하나 된 마음까지
유유히 흘러가는 물결에 맡겼는가
먼 길을
가야 한다며
한숨까지 내쉰다

* 물 위에 띄워 운반하기 위해서 원목이나 대나무 따위를 일정한 길이로 길게 엮은 것. 흔히 사람이 타고 몰거나 배로 끈다.

걸음마

비틀비틀 집을 찾아 골목길 접어들 때
옆집 개 시비 걸며 세어보는 내 발자국
어둠 속 뒷걸음질하는 내 걸음마 어쩌나

마음은 앞으론데 걸음은 뒤로 간다
비꼬인 다리 잡고 인내로 버텨본다
대문 앞 초인종까지 머나먼 길 내 사랑

귀 쫑긋 밤새우며 기다린 그 사람은
인기척 듣지 못해 내 걸음 몰라주네
애태움
헛걸음질로
찾을 곳도 없는데

분수의 춤사위

빨주노초파남보 무지개 물꽃 향연
디스코 음악 따라 어설픈 춤사위에
꼬맹이 흥에 겨워서 뒤질세라 흔든다

춤추는 바다분수 흥겨운 음악 소리
삼학도 놀던 학이 분수에 날아들고
오색의 불 뿜는 물줄기 바람결에 춤춘다

몸짓은 어설퍼도 광활한 바닷길에
안전을 기원하며 이날을 축복하네
모두가
살기 좋은 곳
내 고장이 좋아라

인생人生길

부푼 꿈 심었다고
부귀를 누리던가

가난에 쪼들린 삶
영혼마저 없어질까

오던 길
모르는 인생
돌아갈 길 못 찾네

역마차驛馬車 세월

한가득 바람 싣고
끝없이 달려가다

가끔씩 지쳐 쉬는
역마차 같은 세월

머물 곳
모르는 인생
종착역은 어딜까

설날

새해를 맞이하여
묵은 날 벗어두고

비워둔 마음으로
새 출발 다짐하며

동구 밖
언덕에 올라
반겨 맞는 저 태양

맷돌 순두부

빈 하늘 마른천둥
요란한 호통 속에

새하얀 눈가루로
변신을 거듭할 때

지난날
추억에 빠진
가마솥의 노래들

부부夫婦

마음은 읽지 않고 표정만 주시하며
언제나 근성으로 고백만 남발하고
저녁놀 붉게 타오를 때 함께하는 낡은꼴

후회를 건성으로 한마디 말로 하고
어제에 받은 용서 오늘 또 받아가며
그렇게 세월 따라서 변함없이 왔다네

청춘을 섞어놓고 살아온 지난날들
이제는 후회 없이 사랑에 감싸 안고
당신과
행복하자며
두 손 잡고 울었네

같은 꿈

세월에 녹은 사연 남겨진 그대 모습
봄날의 풀꽃처럼 아름답게 피어나서
못 잊어 돌이켜 보면 물안개에 젖는다

같은 꿈 함께 꾸던 숨결은 멎지 않고
지난날 언약 속에 머물러 파도쳐도
지는 해 미소를 띠며 서산 넘어 기운다

하루를 붙잡으려 애태운 지난날들
미련을 달래가며 참으며 살더라도
먼 훗날
다시 생각나면
그 꿈들을 이룰까

제5부

고요

고요

바람에 요동치다 파랗게 멍든 파도
석양에 곱게 물든 바위에 기대앉네
갈매기 잠든 후에야 지친 눈을 감겠지

홀로 핀 갯바위 꽃 달빛에 안겨들고
밤벌레 슬픈 울음 어둠에 묻혀가는
모두가 잠든 이 밤은 물결 따라 흐른다

아침녘 펼쳐지는 장엄한 일출 앞에
흩날려 놀던 구름 제자리 찾아들고
돌고래
멋진 유영遊泳은
거친 파도 달랜다

수감收監

암 여우 암 호랑이
인왕산 상봉하여

세상을 호령號令하다
배불러 잠이 들어

동틀 녘
포효咆哮하는데
둘러봐도 동물원

이심동체二心同體

두 몸을 엮은 대로
흐르는 한 핏줄기

사랑을 하면서도
딴 사랑 꿈꾸는가

가지의
가고픈 곳이
서로 다른 연리지連理枝

태풍颱風

대지가 목말라도
모른 척 지내더니

한 생을 굵고 짧게
살기로 결심했나

부라린
무서운 얼굴
포효하는 호랑이

심산유곡深山幽谷

바람이 숨어 살고
구름이 자고 가는

저 하늘 별이 내려
봉우리 모아둔 곳

세월아
폭포에 젖어
갈 길마저 잃었나

가을 하늘

공활空豁한 하늘 길에
서역西域길 바쁘구나

바람길 따라나선
구름은 잘도 가고

저 태양
한 발 옮겨놓고
목에 찬 숨 내뱉네

장맛비

가뭄에 부를 때는
태양 뒤 숨었다가

불현 듯 눈 부라려
대지를 삼키려네

무슨 일
일어났기에
울화통이 터졌나

결실結實

한여름 그 뜨거움
한가슴 담아두고

한숨에 달려오다
한시름 놓는구나

한 가을
한 덩이 결실
한 폭 그림 이룬다

화마火魔

단단히 화가 났네 양간지풍讓杆之風 부채질에
좌우로 비틀대며 거칠게 덤벼든다
산과 들 보금자리까지 구분 없이 화풀이다

영랑호 물을 길어 성낸 불 달래 봐도
온 세상 새까맣게 숯으로 만들었네
그래도 한에 차지 않아 사방으로 날뛴다

광란의 질주 앞에 큰 산도 무너지고
모두가 까만 재로 덧없이 남겨졌네
어쩌나
대자연 앞에
이 연약한 사람들

수채화水彩畵

풀어진 물감으로
저 하늘 옮겨놓고

진녹색 물에 풀어
그리는 끝없는 들

강물은
무엇으로 채우나
푸른 물감 없는데

가을바람

무더위 몰아내고
만물을 불러놓고

배워 온 서툰 몸짓
춤사위 펼치는데

철 잃은
매미 한 마리
흥에 겨워 노래를

발자취

풀 섶이

잠자는 곳에

바람 자국 남는다

미소微笑비

새아씨 부끄러워
홍조 띤 걸음처럼

가냘픈 저 보슬비
바람에 스쳐 가면

춤추는
봄 나그네는
매화 향기 입는다

낙엽落葉

길 따라 울긋불긋
새 아침 길손 마중

마음을 담다 담다
넘쳐서 떨어지나

애절한
그 일생 속에
내 시름도 숨었네

3일우三日雨

꽈리 튼 뱀 한 마리 내 갈 길 막아 앉고
숨 가삐 가는 바람 불러온 빗줄기는
온 세상 삼키려 하네 물바다로 한입에

하늘엔 먹장구름 춤사위 쉴 새 없고
온종일 축제하는 바람결 빗줄기들
물고기 흙탕물 만나 정신 줄을 놓았네

배고픔 참아가며 비 그치길 기다리던
저 새들 둥지 잃고 하늘만 원망하네
코 빠져
울던 그 태양
발 구르다 숨었나

먼지 여행旅行

끝없이 펼쳐놓은
풍광에 점이 되어

바람에 실린 채로
허공을 여행하고

지쳤나
코끝에 앉아
방랑생활 마치네

천제연폭포天帝淵瀑布

옥피리 쥐고 내린 칠 선녀 치맛자락
폭포에 젖을세라 곱게도 챙겨왔네
천제교天帝橋
밝히는 저 달
시샘하며 찾는다

송엽란 담팔수의 자생이 무성한데
그 높은 하늘에서 본 듯한 기억 없이
서귀포 중문단지의 한가운데 앉았네

천제루 노닐고 간 천상녀 소문 따라
별들도 궁금했네 삼단의 천제연을
오가는
발길을 따라
높아가는 그 명성

남생이

전쟁터 향해가나
갑옷을 입고 섰네

위장술 연습하며
뒤우뚱 토끼 흉내

저 바다
파도가 괴롭혀
강 언덕을 헤매나

춘분春分

그 겨울 벗어던진
저 바람 길 나서고

향기에 젖은 발길
벌 나비 뒤따르고

머리 푼
아지랑이 춤
아물아물 내 마음

물과 세월

산천을 휩쓸고 간
홍수도 무섭지만

매정히 가는 세월
남길 것 하나 없네

저 강도
물결치면서
거친 세월 따르네

해설

바람의 시인, 바람의 길을 찾아

정영자

1. 바람의 길을 찾아, 시인은 시를 읊는다

'바람의 길'은 어떻게 살고 어떻게 사랑을 할 것인가에 대한 삶의 길이요, 너와 내가 공존하는 실존의 현장이다. 한 세월 아폴론적인 질서와 디오니소스적 열정의 나날을 치열하게 살아 온 사람들의 상호작용과 얽힘에 대하여 세월의 고비를 내리면서 사유의 강과 바람에 놓이게 된다.

윤주동 시인은 일찍이 노래의 가사를 창작하는 음유시인으로 45년의 세월을 보냈다. 시 이전에 노랫말로 시의 흐름을 인식하였고 압축된 시의 가락을 민요조 내지는 시조의 음률에 맞춘 음악적인 시의 흐름에 익숙한 시인이다.

2018년 2월호 ≪문학도시≫에서 시인으로 데뷔하고 2018년 ≪청옥문학≫ 봄호에서 시조시인으로 데뷔하여 첫 시조집 『자고 가는 바람아』(2018년)를 발간하였다.

문인으로 데뷔하기 전에 노래의 가사를 쓴 창작집 8권을 출간하였는데 『낙엽 되어가는 바람』, 『가슴으로 우는 바람』, 『머물지 않는 바람』, 『돌아오지 않는 바람』, 『대답 없는 바람』, 『꿈속으로 가는 바람』, 『자고 가는 바람』, 『길 찾는 바람』에 이르는 바람 이미지를 그 특성으로 하고 있다.

특히 두 번째 시조집을 내면서 자신이 추구해 왔던 바람의 길이 어디로 가야할지?, 그 끝이 어디인지?, 그리고 우리 모두가 가야만 하는 길을 찾아 시를 읊으며 고뇌하는 세월을 응시하며 표현하고 있다.

시공을 초월하여 여러 상이한 작가들에게 되풀이해 나타나는 이미지들이 있음을 발견한 프랑스 과학철학자 가스통 바슐라르는 상상력의 근원을 현상학적인 측면에서 4원소론으로 설명하고 불교에서도 지수화풍地水火風을 물질의 구성요소로 설파하고 있다.

한 작가의 시적 상상력을 연구할 때 일반적으로 염두에 두어야 할 것은 모든 요소들이 양면성을 띤다는 것이다. 그것들은 긍정적인 면과 부정적인 면을 동시에 지니고 있다

바람의 여러 종류는 각각 고유한 심리를 갖고 있으며, 격렬한 바람 이미지는 분노와 외침을 낳고 조용한 바람의 이미지는 부드러움과 순수함으로 나타나 '바람의 이가성'을 보여주기도 한다.

시는 우리를 마비시키는 모든 것에 대한 저항이다. 때문에 시는 생명의 숨결이라고 말할 수 있을 것이다. 바람이 우주의 숨이듯 시는 우리의 마음을 바람처럼 움직여 세상의 생기가 되고 에너지가 된다.

기압의 변화로 일어나는 대기의 흐름인 바람은 그 가변성과 역동적인 속성으로 인해 인간의 존재 의미를 일깨워 주는 촉매가 되는가 하면 자유와 방황을 상징하는 매개체로 작용한다.

윤주동 시조시인의 시조는 바람 이미지, 사랑과 그리움, 성찰과 희망, 해학적 사실성으로 나타나고 있다.

2. 바람 이미지

바람은 조금도 머물러 있지 않다. 때문에 어떤 것에의 집착도 덧없는 것이라는 것을 가르쳐 주고 있다. 부드러울 때는 풍요의 숨결, 삶의 약동성 등을 나타내기도 하나 돌풍, 광풍 등에서 나타내는 바람의 의미는 인생의 험한 역경이나 폭력, 파괴를 상징하기도 한다.

문학에서 바람은 어떤 대상이나 이성에 마음이 이끌려 들뜬 상태를 의미하기도 한다.

윤주동 시조시인의 바람 이미지는 그리움과 기다림이 담긴 서정성을 가진다.

물결로 머리 감는
이 강둑 저 실버들

초여름 바람결에
그 누굴 부르는가

저 밑동
묶인 나룻배
사공마저 없는데

-「빈자리」 전문

현대시에 비유하면 시조는 3행시의 형태이지만 한국시가의 전통적인 형식과 우리 민족의 고유한 가락을 바탕으로 표현된다. 난해성 보다 간결, 담백한 대중성의 소박한 형식으로 형상화되고 있다. 역동적으로 움직이는 물결과 바람의 이미지로 머리 감는 실버들의 이미지는 마치 누구를 부르는 듯 친근한 하나의 풍경으로 채색되고 있다. 하나의 영상으로 움직이는데 버들의 밑동에 묶여 있는 나룻배는 사공이 없다.

강물과 바람결, 사공이 없는 빈 배의 이미지는 물결과 바람결로 가득한 기다림 혹은 그리움으로 잔잔하게 깔려 있다. 시적 장치는 움직이는 것과 묶여 있는 것의 대비 혹은 움직이는 것에 의하여 빈 배의 역동적인 공간이 설정되고 있다.

시조의 멋은 이런 이미지의 형상화가 가져다 주는 살아

있는 영상으로의 재현까지 이루어 가는데 있는 것이다.

삼계탕 수박 화채
골라서 먹어가며

더위를 쫓으면서
알몸에 버티다가

이웃의
눈치 보면서
웅덩이에 숨는다

바람도 원수더라
오라면 오지 않네

태풍도 미워할 땐
단숨에 오더니만

더우면
그리워지네
얄미웠던 그 바람

—「삼복三伏더위」 전문

기다림이란 언제나 원할 때 오는 것이 아니다. 우리의 민족정서는 눈앞에 없는 임을 기다리고 그리워하는 결핍으로 노래되어 왔다. 삼복더위에 태풍 같은 얄미운 바람까지 그립다는 역설은 "바람도 원수더라/오라면 오지 않네" 라는 단순, 명료한 원망을 내포하고 있다.

생활 속의 시조라는 장르적 대중성을 통하여 시조문학의 폭을 생각할 수 있는 시조이기도 하다.

어디를 보고 있나
북풍의 길목에서

차가운 바람결에
초록 꿈 펼쳤는가

누구나
기다리는 봄
홀로 서서 외롭네

떠날 때 기약했던
귀향 길 속절없고

봄바람 기다리는
소원도 기막혀서

한 번만
얼굴 보자는데
서산에는 해 지네

-「초록 꿈」 전문

연시조인 「초록꿈」은 그리움, 기다림, 봄의 의미가 가지는 희망과 소망을 노래하면서 짧은 하루를 안타깝게 노래한다. 직설적인 표현이지만 시적 화자의 메시지는 언제나 은은하다.

새아씨 부끄러워
홍조 띤 걸음처럼

가냘픈 저 보슬비
바람에 스쳐 가면

춤추는
봄 나그네는
매화 향기 입는다

―「미소微笑비」 전문

보슬비를 "새아씨 부끄러워/홍조 띤 걸음처럼" 가냘프다고 표현한 「미소비」는 바람이 스쳐 지나가면 나그네는 매화 향기 밴다는 첫봄의 희망, 새로운 축복을 상징한다.

새아씨의 부끄러운 걸음과 가늘게 내리는 보슬비가 바람에 날리면 매화향기가 가득 옷에 배는 기막힌 봄의 한 장면을 촬영하듯 담백한 표현이다. 바람은 실체가 없지만 매화향기를 전달하는 매개체로써의 자유와 무한한 생명의 환희를 전하고 있다.

3. 사랑, 그리움

잠시도 멀어지면
내 꿈길 머무는 걸

가슴에 담아두면
상사병 된다는데

괴로운
시달림 피해
씻어야지 그리움

–「사랑 비우기」 전문

사랑은 어제나 그리움을 반추한다. 그리고 그것은 또한 기다림을 내포한다.

시인은 사랑과 그리움이란 단어 하나 없이 절절한 사랑을 노래하고 있다. 시어의 나열이 의미를 전달하는 것이 아니라 툭툭 던지듯, 무심한 듯 유심을 노래할 때 간절함은 만들어지는 것이다. 보이지 않으면 애타게 꿈길에서 찾아 나서고 상사병을 치유하기 위하여 그리움을 씻어야 되는 표현은 사랑의 의미를 더욱 깊게 하고 있다. 간절하면서도 전혀 그렇게는 보이고 싶지 않은 능청스러움이 오히려 시의 재미와 풍류를 담고 있다.

4. 성찰, 희망

새해를 맞이하여
묵은 날 벗어두고

비워둔 마음으로
새 출발 다짐하며

동구 밖
언덕에 올라

반겨맞는 저 태양

－「설날」 전문

산천을 휩쓸고 간
홍수도 무섭지만

매정히 가는 세월
남길 것 하나 없네

저 강도
물결치면서
거친 세월 따르네

－「물과 세월」 전문

성찰은 시의 세계가 담는 인간다움의 접근이다. 나날이 새롭게 살기 위하여 나날이 어제를 돌이켜 보고 오늘을 살며 내일을 준비한다. 철학도 종교도 성찰의 담론을 바탕으로 새롭게 나타난다. 때문에 시의 위의는 시간이라는 세월의 강을 자연의 강으로 표현하며 강물의 흐름도 세월의 거침없는 시간을 따라 흘러간다고 노래하고 있다. 이 때 산천을 휩쓸고 간 홍수보다 더 매섭고 매정한 세월의 시간이 놓이게 된다.

그러나 윤주동 시조시인의 거침없는 시간에는 자기를 벗고 성찰하는 또 하나의 희망으로써 태양맞이가 있다. 때문에 그의 시는 세월의 무정함과 허무를 형상화하지만 내일이라는 긍정적인 사람세상을 노래하고 있는 것이다.

5. 해학적 사실성

대지가 목말라도
모른 척 지내더니

한 생을 굵고 짧게
살기로 결심했나

부라린
무서운 얼굴
포효하는 호랑이

– 「태풍颱風」 전문

염소가 한두 마리
다녀간 게 아니겠다

남몰래 떼거리로
몰려와 똥 누고 갔나

파도에
떠밀리면서
살리라며 아우성

새까만 염소 똥들
젖은 채 빛나는데

연인들 발걸음들
모른 채 스쳐간다

밟힌 돌
모래밭에 묻혀

눈만 껌벅 또 껌벅

－「몽돌해수욕장」 전문

시의 해학성을 자연스럽게 수용하고 있는 시인의 시들은 재미 있다. 시가 혹은 시조가 재미로 읽나? 이렇게 말을 할 수 있지만 시와 시조는 읽혀야 하고 그렇게 하기 위해서는 시인은 다양한 내용을 담아내는 여러 가지의 메뉴가 필요하다.

몽돌의 까만 빛깔과 동그란 모양을 염소 똥으로 묘사한 기법은 일찌기 권정생의 『강아지 똥』 같은 동화로 아름다운 이야기가 전개되었고 연암 박지원에 오면 “똥은 지극히 더러운 물건이지만 이를 밭에 내면 우리를 살찌우는 온갖 곡식의 거름”이 되기에 “기와조각과 똥거름, 이거야말로 장관”이라고 『열하일기』에 표현하고 있다. 시와 실학의 지혜를 그들은 말하고 있지만 검은 몽돌해수욕장에서 염소를 만나는 또 하나의 세계가 펼쳐지고 있는 것이다.

6. 맺는말

윤주동 시조시인이 시조집 『길 찾는 바람아』에서 말하고 있는 바람의 시학은 무너지고 때리며 표효하는 바람이 아니라 부드럽게 , 매화향에 젖게 하고 물결과 바람결이 씻겨주는 바람 이미지를 내포한다.

절규하는 바람이 아니라 언제나 자유롭게 지나가는, 분명히 현재 눈앞에 있는 바람을 노래하되 운율적인 효과음을 동반하고 시 속에 음악을 살리고 있는 시조시인이다.

| 정영자 |

통영출신, 문학평론가
현) 한국문인협회 고문

윤주동 제2시조집
길 찾는 바람아

인쇄일: 2020년 4월 16일
발행일: 2020년 4월 20일

지은이: 윤주동
펴낸이: 최경식
펴낸곳: 도서출판 청옥문학사
인쇄처: 세종문화사

등록번호 제10-11-05호
E-mail: sik620@hanmail.net
전화: 051-517-6068

값 12,000원

ISBN 978-89-97805-92-1 03810

이 도서의 국립중앙도서관 출판예정도서목록(cip)은 서지정보유통지원시스템 홈페이지(http://seoji.nl.go.kr)와 국가자료공동목록시스템(http://www.nl.go.kr/kolisnet)에서 이용하실 수 있습니다.(cip2020014094)

부산광역시 BUSAN METROPOLITAN CITY 부산문화재단 BUSAN CULTURAL FOUNDATION

* 본 사업(전시/공연/행사/도서)은 2020년 부산광역시, 부산문화재단 지역문화예술특성화지원 부산문화예술지원사업으로 지원을 받았습니다.